Max Lorenx

Nationaler Kampf gegen die Sozialdemokratie

Max Lorenx

Nationaler Kampf gegen die Sozialdemokratie

ISBN/EAN: 9783743379817

Hergestellt in Europa, USA, Kanada, Australien, Japan

Cover: Foto ©Suzi / pixelio.de

Manufactured and distributed by brebook publishing software (www.brebook.com)

Max Lorenx

Nationaler Kampf gegen die Sozialdemokratie

Der nationale Kampf

gegen die

Sozialdemokratie

Von

Max Lorenz

Leipzig
Fr. Wilh. Grunow
1897

Einleitung

Unsre Stellung zur Sozialdemokratie — das ist ein Thema, dessen Behandlung sich keine Partei entziehen kann und entzieht. Denn in unsrer Zeit des allgemeinen und gleichen Wahlrechts ist jede Partei auf Massenerfolge angewiesen, und darum kann keine Partei es ohne Besorgnis für ihre Existenz ruhig ansehen, wie die Massen von der immer mehr anschwellenden Sozialdemokratie aufgesogen werden.

Die Behandlung der Sozialdemokratie kann in der Hauptsache von dreierlei Art sein.

Zunächst: man tritt vor die Sozialdemokratie als vor eine gegebne Thatsache, eine reale Erscheinung unsers Volkslebens: man untersucht sie auf ihre Lehren und auf die Wirkungen, die diese Lehren auf die Menschen ausgeübt haben; man fragt, woher diese Lehren und ihre Wirkungen stammen. Das ist die Arbeit des Historikers. Das ist eine wissenschaftliche Leistung. Die habe ich in meinem Buch über die marxistische Sozialdemokratie*) versucht. Für die Politik kann dabei nur sehr wenig, eigentlich gar nichts herauskommen.

Die andre Art, sich zur Sozialdemokratie zu stellen: sie knüpft an die erste an, geht aber darüber hinaus. Man sucht sich auch zunächst über die realen

---

*) Leipzig, Georg H. Wigands Verlag. 9. Band der Bibliothek für Sozialwissenschaft.

Thatsachen klar zu werden, durch die die Massen zur
Sozialdemokratie geführt wurden; dann untersucht
man, ob diese Thatsachen — z. B. bestimmte Wirt=
schaftsverhältnisse — noch bestehen und wirken oder
in absehbarer Zeit noch bestehen werden und wirken
werden. Je nachdem, wie die Antwort auf diese Frage
ausfällt, wird sich der Schluß ergeben: die Sozial=
demokratie besteht und gedeiht für absehbare Zeit noch
weiter, weil die ihr Nahrung gebenden Verhältnisse
noch weiter bestehen — oder: die Sozialdemokratie
hat keine Zukunft mehr, weil sie den realen Unter=
grund im Wandel der Zeit verloren hat. Man sieht,
daß hier schon ein bischen Zukunftsmusik hineinspielt.
Mit einer streng geschichtswissenschaftlichen Arbeit hat
man es darum nicht mehr zu thun. Zweifellos ist es
von einem gewissen politischen Interesse, zu erörtern,
ob die bevorstehende Zeit, etwa das nächste Jahrzehnt,
der Sozialdemokratie neuen Nährstoff bietet. Diese
Frage habe ich gemeint verneinen zu dürfen in einem
Artikel, der unter der Überschrift: „Die Sozialdemokratie und der nationale Gedanke" im letzten Maiheft
der Preußischen Jahrbücher erschienen ist. Mit einer
gewissen Genugthuung kann ich feststellen, daß eine
Reihe von Blättern Deutschlands und Österreichs, auch
so vorsichtige und zurückhaltende Zeitungen wie die
Tägliche Rundschau und die Münchner Allge=
meine Zeitung meiner Auffassung von der Ent=
wicklung der Arbeiterbewegung beigetreten sind. Mit
lebhafter Freude aber hat es mich erfüllt, daß ein
wirtschaftlich und politisch so einflußreiches Blatt wie
die Kölnische Zeitung meine Anschauung zur ihrigen
gemacht hat, wobei es natürlich um der Sache willen
gar nicht so sehr von Belang ist, daß das rheinische
Weltblatt die Quelle dieser seiner neu gewonnenen
Anschauung mit Stillschweigen übergeht, wie nämlich
die Münchner Allgemeine Zeitung bemerkt hat.

Lieb, sehr lieb ist es mir natürlich auch, daß die neueste Richtung, die auf unser öffentliches und politisches Leben einwirken will, und die sich um Herrn von Berlepsch sammelt, in ihrem ersten „Manifest" genau auf dem Boden steht, den ich in den Preußischen Jahrbüchern eingenommen habe. Der erste Artikel des jetzigen Herausgebers der Sozialen Praxis entwickelt als Grundanschauung nichts andres, als was ich auch gemeint und ausgeführt habe. Die wissenschaftliche Grundlage aber für diese neue Anschauung, für diesen neu gewonnenen Boden sozialer Gesinnung und Bethätigung ist durch die bahnbrechende Arbeit von Lujo Brentano, durch die Darlegungen des Professors von Schulze-Gävernitz und durch andre aus dieser Richtung geschaffen. Schulze-Gävernitzens Buch: Der Großbetrieb ein wirtschaftlicher und sozialer Fortschritt*) verdiente in Massen verbreitet zu werden. Nun kommt es darauf an, die wissenschaftlichen Untersuchungen dieser Männer praktisch und politisch zu verwerten, und in dieser Verwertung möchte ich doch gegenüber der Sozialen Praxis die Priorität der Preußischen Jahrbücher wahrgenommen wissen.

Eins aber muß nachdrücklich betont werden: Auch die sorgfältigste Untersuchung und zutreffendste Feststellung dessen, was uns bevorsteht, was etwa ein nächstes Jahrzehnt uns bringen wird, ist nur in bedingter Weise von einigem politischem Interesse; es ist eine Aussaat in der Hoffnung auf eine künftige Erntezeit. Wahre Politik aber, politische Aktion ist die „gegenwärtigste" Thätigkeit, die sich denken läßt. Der Staat läßt sich nicht damit vertrösten und dadurch erhalten, daß man gewisse Wandlungen in Aussicht stellt, die ihm nach einem Jahrzehnt zu statten kommen

---

*) Leipzig, bei Duncker und Humblot.

werden. Der Staat ist ein lebendiges Wesen, eine
organische Einheit, und er braucht zu seiner Erhaltung
jährlich und täglich neue Unterhaltsmittel durch Ge=
setzgebung und Verwaltung, sowie der menschliche
Körper ohne Schädigung seiner Gesundheit keinen Tag
der Nahrung entbehren kann. Man liebt es heute,
besonders in gewissen Kreisen der Gebildeten, Politik
ohne „Voreingenommenheit," von der kühlen Höhe
„welthistorischer" Betrachtung zu treiben, „gerecht" zu
sein auch dem Gegner gegenüber; „gerecht" sein heißt
hier aber: alles verstehen, alles „historisch erklären"
zu können, zu begreifen und darum zu „verzeihen."
Nichts aber widerspricht mehr dem wahren Wesen der
Politik, als diese mit „historischer Objektivität" ange=
stellte „wissenschaftliche" Politik. Denn die Wissen=
schaft ist eine zusammenhängende Reihe von Betrach=
tungen und Urteilen, die Politik ist eine Kette von
Handlungen, die Wissenschaft erfordert kalten Verstand,
ruhige Überlegung, die Politik erfordert in jedem
Augenblicke Aktionsfähigkeit: sie ist eine Sache des
Willens, des Instinkts: sie kann das schürende Feuer
der Leidenschaft nicht entbehren. „Professoren und
Rhetoren erfinden Systeme und Prinzipien. Die
wahrhaften Staatsmänner sind nur von dem Instinkt
der Macht und der Liebe zum Vaterlande beseelt.
Das sind die Gefühle und Methoden, die große Reiche
schaffen." So bemerkte einmal D'Israeli. Politik
verlangt durchaus Entscheidung, Willensbethätigung,
Aktion in der Gegenwart, nicht Abwarten, Zaudern,
Hoffen auf die Zukunft. Politik bedeutet nicht Weis=
sagung darüber, was nach zehn oder dreißig oder fünfzig
Jahren sein könnte, sein sollte, sein muß, sondern
Wissen dessen, was heute geschehen muß, damit wir
nach zehn oder dreißig oder fünfzig Jahren noch sind
und in unserm Staate blühen und gedeihen. Die
eigentliche „Kunst" des Politikers besteht nicht darin,

glänzende Ideale staatlicher Größe und Macht zu „erfinden" und aufzustellen, sondern im Wählen und Ergreifen der Mittel zur Verwirklichung politischer Möglichkeiten. Sehr kleine „Auch"-Politiker haben viel glänzendere Ideale nationaler Einheit entworfen, als nachher in Erfüllung gegangen sind. Bismarcks politische Größe liegt in der kunstvollen Wahl der Mittel, in dem genialen, geschickten Handeln von Fall zu Fall. „Nur wer den Augenblick ergreift," das ist gerade und zumeist in der Politik der rechte Mann.

Und so stellt sich denn auch die einzige und wahrhaft politische Frage gegenüber der Sozialdemokratie nicht so: Was wird einmal im Laufe geschichtsnotwendiger Entwicklung aus der Sozialdemokratie werden? Der Politiker — und das ist die dritte Art, sich zur Sozialdemokratie zu stellen — kann nur fragen: Was bedeutet im politischen Leben der Gegenwart für den Staat und das Volk, dem wir angehören, die sozialdemokratische Partei, so, wie sie jetzt gerade ist, jetzt gerade vor uns steht und sich zur Aktion, zur Teilnahme an der Politik anschickt. Und „jetzt gerade," nach den Beschlüssen des Hamburger Parteitages, in denen viele, wohl die meisten, eine gründliche Wandlung der Partei sehen, drängt sich die Frage in den Vordergrund: was hat — nach Hamburg — unser Reich und unser Volk von der politischen Aktion der nahezu zwei Millionen, die sich um die sozialdemokratische Fahne sammeln, zu erwarten, zu hoffen oder zu fürchten?

Die Frankfurter Zeitung stellt in einem Leitartikel vom 9. Oktober mit Genugthuung fest, daß die Sozialdemokratie eigentlich und im Grunde eine radikale Reformpartei sei, in der nur noch gelegentlich ein „politischer Stümper" die „revolutionäre Phrase" gebrauche. Sie schreibt über die Bebelschen Kompromißbedingungen: „Mit den hier aufgezählten Bedingungen kann sich jeder entschieden fortschrittlich gesinnte Mann einverstanden erklären." Sie sieht also wohl im Geiste schon ihre süddeutschen Demokraten und die sozialdemokratischen Vettern Hand in Hand zur Wahlurne schreiten und Schulter an Schulter ins Parlament marschieren. Frohlockend schreibt an demselben Tage das Berliner Tageblatt: „Die Beteiligung der Sozialdemokratie an den preußischen Landtagswahlen . . . kann unter Umständen einen Wendepunkt in unsrer innerpolitischen Entwicklung bedeuten. Jetzt muß auch der blindeste Gegner der Sozialdemokratie zugeben, daß dieselbe nicht eine rein revolutionäre Partei mehr ist, sondern eine Partei, die sich auf den Boden der Thatsachen stellt und auf gesetzlichem Wege mitarbeiten will am Wohle der Gesamtheit — natürlich so gut und so schlecht, wie sie es versteht. . . . Und deshalb muß jeder Bürger, dem die Aufrechterhaltung der Volksrechte am Herzen liegt, diesen Hamburger Beschluß mit aufrichtiger Genugthuung begrüßen. Aber als ehrliche Leute machen wir auch bei diesem Anlaß kein Hehl daraus, daß wir die Utopien der Sozialisten und ihre ungerechtfertigten Forderungen nach wie vor auf das energischste bekämpfen werden. Dieser Kampf wird, wenn die Waffen gleich sind, ein ehrlicher sein und zum Wohl des Vaterlandes ausschlagen."

Ist eine solche Auffassung der sozialdemokratischen Wandlung richtig?

Keineswegs!

Jetzt, da ihre Vertreter auf allen Eisenbahnlinien des Reichs zu ihren harrenden Heerhaufen zurückeilen, ihnen die Hamburger Beschlüsse zu künden und zu deuten, schickt sich die sozialdemokratische Partei in Wahrheit und zum erstenmal zur revolutionären Aktion an. Wohl ist es möglich, daß die Hamburger Beschlüsse „unter Umständen einen

Wendepunkt in unsrer innerpolitischen Ent=
wicklung" bedeuten — aber so, wie es sich das
Berliner Tageblatt wohl schwerlich träumen läßt.

Das ists, was hier jetzt verdeutlicht werden soll.

1

Was dem Hamburger Parteitage sein Gepräge gegeben hat, ist die Annahme zweier Anträge Bebels, von denen sich der eine auf die Reichstags-, der andre auf die preußischen Landtagswahlen bezieht.

Der erste Beschluß lautet:
1. Es ist Pflicht aller Parteigenossen, soweit dies noch nicht geschehen ist, sofort in die Vorbereitungen für die allgemeinen Reichstagswahlen einzutreten und in allen Wahlkreisen, in denen organisierte Parteigenossen vorhanden sind, ohne Rücksicht auf die Zahl der zu erwartenden Stimmen einen Parteikandidaten aufzustellen.
2. Im Fall einer engern Wahl in einem Wahlkreise, bei der der Kandidat der Partei nicht in Frage kommt, sind die Parteigenossen gehalten, demjenigen Kandidaten einer bürgerlichen Partei ihre Stimmen zu geben, der sich verpflichtet, im Falle seiner Wahl für folgendes im Reichstag einzutreten:
 a) für Aufrechterhaltung des allgemeinen, gleichen, direkten und geheimen Wahlrechts in seiner jetzigen Gestalt, es sei denn, daß es sich um Anträge auf Erweiterung oder größere Sicherung desselben handelt;

b) für Aufrechterhaltung des unverkürzten Budget-
rechts des Reichstages (kein Septennat, Quin-
quennat u. s. w.);

c) für Sicherung des vollen Vereins-, Versamm-
lungs- und Koalitionsrechts durch ein Reichs-
gesetz;

d) gegen die Einführung von Ausnahmegesetzen
irgend einer Art und gegen die Verschärfung
des bestehenden Strafrechts, soweit es sich dabei
um politische Vergehen oder Verbrechen handelt;

e) gegen jede Verschlechterung der bestehenden
Preßgesetzgebung;

f) gegen die Einführung neuer oder die Erhöhung
bestehender indirekter Steuern und Zölle auf
notwendige Lebens- oder Genußmittel (Bier,
Tabak u. s. w.).

3. Kommt kein Kandidat in Frage, der sich auf diese
Forderungen verpflichtet, so ist strikte Stimment-
haltung zu proklamieren.

Hierzu wurde noch ein Amendement Katzenstein
angenommen: In die Resolution ist aufzunehmen:

2.a) gegen jede Erhöhung des bestehenden Standes
des Heeres und der Marine;

2.b) gegen jede Aufhebung oder Einschränkung von
Arbeiterschutz oder Verordnungen, außer in
den unter a angenommnen Fällen.

Die zweite angenommne Resolution Bebels, die
Landtagswahlen betreffend, lautet:

Der Beschluß des Kölner Parteitages, der den
preußischen Parteigenossen die Beteiligung an den
Landtagswahlen auf Grund des Dreiklassenwahl-
systems untersagt, wird aufgehoben.

Dagegen wird beschlossen:

1. Die Beteiligung an den nächsten preußischen Landtagswahlen ist überall geboten, wo die Verhältnisse
eine solche den Parteigenossen ermöglichen.

2. Inwieweit eine Wahlbeteiligung in den einzelnen Wahlkreisen möglich ist, entscheiden die Parteigenossen der einzelnen Wahlkreise nach Maßgabe der lokalen Verhältnisse.
3. Kompromisse und Bündnisse mit andern Parteien dürfen nicht abgeschlossen werden.

Dieser Absatz 3 ist so kommentiert worden, daß überall eigne sozialdemokratische Wahlmänner aufzustellen sind. Diese Wahlmänner aber können, wenn einen eignen Kandidaten durchzubringen unmöglich ist, für den freisinnigen oder bürgerlich=demokratischen Kandidaten als für das „kleinere Übel" stimmen. Bekanntlich ging der Antrag Bebel ursprünglich weiter, indem er unter Umständen schon das Eintreten für einen freisinnigen Wahlmann von vornherein zulassen wollte.

Diese beiden Beschlüsse bewegen sich augenscheinlich in einer Richtung: mit dem bürgerlichen Radikalismus Hand in Hand vorzugehen. Die erste Resolution enthält nichts neues: nur das legt sie fest, was auch bisher schon bei engern Wahlen sozialdemokratische Praxis war. Daß aber hier die schriftliche Fixierung und offizielle Beschlußfassung vorgenommen ist, bringt Regelmäßigkeit, planvolle Absicht, System in ein Verhalten, das bisher nur gewohnheitsmäßig und gewissermaßen unwillkürlich stattgefunden hat. Mit Recht spricht die Kreuzzeitung jetzt von einer freisinnig=sozialdemokratischen Allianz.

Über diese Allianz nun frohlocken Frankfurter Zeitung und Berliner Tageblatt, wie wir es schon in der Einleitung festgestellt haben. Inzwischen sind noch aus dem bürgerlich=radikalen Blätterwald eine Reihe andrer Jubeltöne erklungen, von denen wir nur folgende verzeichnen wollen: Die Berliner Zeitung schreibt: „Wir tragen unsrerseits nicht das geringste Bedenken, die Überlassung des einen oder andern

Mandats in Berlin, Breslau, Frankfurt und andern großen Plätzen an die Sozialdemokratie zu empfehlen. Es ist nicht mehr als recht und billig, daß die letztern auch im Abgeordnetenhause vertreten sind, und wenn ihnen die Klassenwahl sonst das nicht ermöglicht, so sollte ihnen die bürgerliche Demokratie ihrerseits freiwillig darin entgegenkommen." Die Berliner Volkszeitung läßt sich also vernehmen: „Die parlamentarische Vertretung der bürgerlichen Opposition durch die nachbarliche Berührung mit der Arbeiterpartei wird den Freisinn nicht milder, sondern radikaler machen, was ihm in manchen Beziehungen gewiß nicht schaden könnte." Herrn Eugen Richters Freisinnige Zeitung mißbilligt, daß Kompromisse und Bündnisse von vornherein untersagt sein sollen, und schreibt dann: „Wir meinen auch, daß, wenn die sozialdemokratischen Wähler wirklich die Reaktion bekämpfen wollen, sie keinen Anstand zu nehmen brauchen, für die freisinnigen Wahlmänner zu stimmen. Denn dasjenige, was in dem Bebelschen Antrag als Bedingung aufgeführt wurde, Eintreten für das Reichstagswahlrecht bei den Landtagswahlen, Bekämpfung aller Schmälerung der Volksrechte, ist für die Kandidaten der freisinnigen Volkspartei nach dem Eisenacher Programm selbstverständlich."

Die mitgeteilten Stimmen beweisen zweifellos, daß die um Richter und Sonnemann den von der Sozialdemokratie gestellten Anforderungen zu entsprechen meinen und sich so als bündnisfähig „nachbarlich" zur Verfügung stellen.

Welches sind nun wohl die Gedankengänge, von denen sich die bürgerliche Demokratie bei Abschließung jenes Bündnisses leiten läßt? Sie liegen ziemlich an der Oberfläche und sind nicht schwer zu begreifen. Die Leute sagen sich etwa: An den „Zukunftsstaat" der Sozialdemokraten glauben wir nicht. Der kommt niemals. So lange die Sozialdemokratie nur im Hinblick auf ihn agitierte, hatten wir nichts gemein mit ihr. Jetzt stellt die Sozialdemokratie ihr Zukunfts= ideal zurück, wenn sie vielleicht auch noch den unschäd= lichen Glauben daran hat. Sie stellt Forderungen auf, die wir durchaus als „gut bürgerlich" bezeichnen können, die auch die unsrigen sein müssen. Wir haben gemeinsame Forderungen, gemeinsame Interessen, also können wir gemeinsam marschieren. Im Zusammen= gehen und in der Mitarbeit gewöhnt sich die Sozial= demokratie mehr und mehr an „praktische" Thätigkeit, das Zukunftsbild wird immer blasser: ehe die Sozial= demokratie sich dessen versieht, sich dessen bewußt wird, ist sie von unserm „Geiste" durchseucht. Unsre „Ideen" haben in dieser Zusammenarbeit gesiegt. Warum also sollten wir nicht auf das Bündnis ein= gehen? Wir müssen aber auch darauf eingehen, weil wir schon jetzt einen Treffpunkt haben, einen gemein= samen, nächstliegenden Zielpunkt unsers Wirkens — nämlich die konservative Partei, das „Junkertum."

Dieser simple Gedankengang ist zweifellos klar, ist begreiflich.

Ist er aber auch richtig?

Wenn er richtig wäre, dann führten die Ham= burger Beschlüsse die sozialdemokratische Partei dem Untergang entgegen. Die Sozialdemokratie ihrerseits aber erwartet durch das Zusammengehen nicht an den Abgrund geführt zu werden, sondern hindernde „Berge" zu übersteigen und dem endgiltigen Siege näher zu kommen.

Wie denkt sich das die Sozialdemokratie?

Zunächst muß festgestellt werden, daß für die sozialdemokratischen Genossen das Ideal einer künf= tigen Gesellschaftsordnung durchaus noch nicht so be= langlos geworden ist, wie außenstehende heute anzu= nehmen geneigt sind. Folgender Hinweis ist kenn=

zeichnend: Im Vorwärts besorgt wöchentlich einmal Dr. Konrad Schmidt je eine volkswirtschaftliche und eine litterarische Rundschau. Dieser Dr. Schmidt nun, durchaus eine schüchterne und nüchterne Gelehrtennatur, nichts weniger als ein spekulativer Phantast, hat gerade in letzter Zeit bei Bücherbesprechungen — z. B. bei Besprechung des neuen Bellamyschen Romans — die Frage nach den Übergangsformen und Übergangsmaßregeln aus der gegenwärtigen in die künftige Gesellschaftsordnung eingehender erörtert. Die Stimmung, von der das Zukunftsideal getragen wird, ist bei den Massen heute nur anders gefärbt als früher. Ehemals war es ein berauschender Traum, man nahm das kommende Glück voraus und genoß es in der Phantasie. Man versuchte es sich im einzelnen auszumalen. Aus der Periode stammt auch Bebels Buch über die Frau und den Sozialismus. Es war der Traum gedrückter, elender, hilfloser Industrieproletarier, wie sie das erste Stadium industrieller Entwicklung stets mit sich bringt. Die Leute, von Not und Elend gedrückt, von dem Glück und den Genüssen der übrigen Gesellschaft ausgeschlossen, in dumpfer Stickluft wie im Gefängnis vegetierend, thun, was oftmals Gefangne zu thun pflegen: sie träumen, sie träumen das sonnige Märchen vom Zukunftsstaat. Anders bestellt ists mit einer Arbeiterschaft zur Zeit der vorgeschrittneren Phase industrieller Entwicklung,*) in der wir uns jetzt befinden. Hier hat der Arbeiter auch schon seinen Teil an den Genüssen, hier findet er schon seine Freude an Gegenwärtigem, hier kann er sich regen, hier beginnt er, „sich zu fühlen," er fühlt sich als eine Macht. Er träumt nicht mehr,

---

*) Über die verschiednen Phasen industrieller Entwicklung, deren Einfluß auf die Lage der Arbeiter und deren „ideologisches" Widerspiel in den Hirnen der Arbeiter vergleiche man meinen in der Einleitung erwähnten Artikel der Preußischen Jahrbücher.

er will handeln, sich bethätigen. In dieser Stimmung der Arbeiter ist der Zukunftsstaat nicht mehr ein mit phantastischer Kraft möglichst genau ausgemaltes Sammelbecken, darein tausend Ströme irdischer Glückseligkeiten münden; der Arbeiter empfindet sein Ideal als einen Zustand, in dem er frei, d. h. unbeherrscht ist, in dem er selber die Macht hat, nach selbstgegebnen Gesetzen gemäß dem eignen Willen zu leben. Unbeherrscht sein, die Macht ausüben — das ist die Stimmung, von der die „sich fühlende" sozialdemokratische Arbeiterschaft zur Zeit erfüllt ist. Dieser Stimmung entspricht es nun — wie erwähnt — nicht mehr, zu träumen, sondern auf Mittel zu sinnen, die zu jener Macht und Selbstherrlichkeit führen. Und diese Stimmung findet ihren „ideologischen" Ausdruck, ihre Formulierung nicht mehr in den Phantasien des sinnigen Märchenerzählers Bebel, sondern in den erwähnten kühlen Erörterungen des nüchternen Konrad Schmidt: welche Wege, welche Mittel führen uns zur Herrschaft? Und das ist die Stimmung, von der auch durchweg die Verhandlungen und Beschlüsse des Hamburger Parteitags getragen sind. Die Fragen, die jetzt die Sozialdemokratie beschäftigen, sind nicht mehr Fragen des Prinzips, sondern Fragen der Taktik.

Die nächste Aufgabe besteht indes für die Sozialdemokratie nicht gleich darin, neue Mittel zu stärkerer Macht zu finden, sondern Abwehrmaßregeln gegen Zwangsmittel zu ergreifen. Die Notwendigkeit dieser Aufgabe haben die letzten Jahre nachhaltig vor Augen geführt. Gegen die „Umsturzvorlage" vor drei Jahren halfen alle sozialdemokratischen Protestversammlungen gar nichts; sie wäre angenommen, wenn nicht das Zentrum sie auf das liberale Bürgertum hätte ausdehnen wollen. Da stand das Bürgertum auf, und darum, darum allein kam die Gesetzesvorlage zu Fall.

Die Beschränkung des Wahlrechts in Sachsen wurde in kürzester Zeit ohne Aufhebens — in aller Gemütlichkeit, möchte man sagen — von den Majoritätsparteien durchgeführt; niemand kehrte sich an die sozialdemokratischen Massenproteste. Die Vereinsgesetzvorlage fiel im preußischen Landtage nur durch eine glückliche Zufallsmajorität von vier Stimmen.

Solche Vorgänge öffneten den sozialdemokratischen Führern die Augen. Sie konnten sich der Erkenntnis nicht mehr verschließen, daß die Partei politisch machtlos wäre, solange sie isoliert, jenseits der Bourgeoisie stände. Gelänge es, wenigstens einen Teil der Bourgeoisie an sich zu ketten, dann wären Umsturzvorlagen und dergleichen ein gutes Stück unmöglicher geworden. Solche Erwägung giebt allein schon Grund genug, sich „nachbarlich" zur bürgerlichen Demokratie zu stellen. Man hat sich durch diese Nachbarlichkeit gewissermaßen die Flanke gegen alle Angriffe von rechts gedeckt.

Und nun heißts vorwärts marschieren und die der eignen Machtausübung entgegenstehenden „Berge" überwinden — um mit Liebknecht zu reden.

Die konservative Partei, das „feudale Junkertum" ist solch ein Berg.

Die Sozialdemokratie ist industriell-proletarischen Ursprungs, theoretisch und praktisch. Aus der Entwicklung der Industrie hatte Marx seine Zweiteilung unsrer Gesellschaft in Bourgeoisie und Proletariat, seine Lehre vom Klassenkampf und seine Konstruktion des Kommunismus abgeleitet. Das industrielle Proletariat sammelte sich zuerst um das neu entfaltete Banner und ist noch die Kerntruppe. Man hatte zunächst eigentlich immer industrielle Verhältnisse vor Augen und verstand unter dem zu bekämpfenden und zu vernichtenden „Kapitalisten" den industriellen Unternehmer. Die „junkerlichen Überreste und Trümmer der Feudalzeit" mißachtete man, ignorierte man. Nun gelangte man an einen Punkt, wo sich die werbende Kraft des Sozialismus für die Reihen des industriellen Proletariats nahezu erschöpft hatte. Hier konnte man nicht mehr viel gewinnen. Und so groß auch die gewonnene Masse war — sie reichte doch zu einer „Aktion" nicht aus. Nun hieß es: Auf, auf, hinaus ins weite Land! Da stieß man auf die Feudalherren des Ostens, die die Agitatoren von ihren Höfen jagten. Da wurde man von der konservativen Partei bedrängt, die, sich bedroht fühlend, ihrerseits zu Repressivmaßregeln drängte. Die konservative Partei ist zweifellos stärker, mächtiger, einflußreicher als die sozialdemokratische. Nun heißts: das Bürgertum muß mithelfen gegen das Junkertum. Gemeinsame Interessen schaffen das Bündnis gegen den gemeinsamen Feind. Dahinter steht der Gedanke: Ist das Junkertum und seine konservative Vertretung mit bürgerlicher Hilfe erst zurückgedrängt, geschlagen, vernichtet, dann fällt der Bündnisfall weg: die „Bürgerlichen" haben ihre Pflicht als „Kanonenfutter" gethan; dann erst steht sich in Wahrheit Bourgeoisie und Proletariat, Kapital und Arbeit, Clique und Masse gegenüber. Dann wird die letzte, die entscheidende Schlacht geschlagen — die „Schlacht am Birkenbaum." Die Masse, das Volk, die Volkspartei siegt zweifellos. Das Volk, die „wahre Demokratie" tritt die Herrschaft an.

Massen in sich zu vereinigen, wirklich eine Volkspartei zu werden — das muß die Sozialdemokratie notwendigerweise erstreben, wenn sie auf politischem und parlamentarischem Wege, „auf dem Boden des Gesetzes" ihre Herrschaftsgelüste befriedigen will. Und dazu verhilft ihr das Zusammenarbeiten mit der bürgerlichen Demokratie, die Konzentration auf bestimmte „nächste" Forderungen. Natürlich bilden sozialistische und bürgerliche Demokratie eine größere Masse, als die eine allein. Dazu kommt aber hinzu: es giebt weite Kreise der Bevölkerung, denen die Richter und Sonnemann zu wenig bieten. Die bürgerliche Demokratie ist auch zu klein, als daß sie noch genug Anziehung bieten könnte. Auch hier — im politischen Leben und in der Wirkung der politischen Parteien — gilt das Gesetz der Schwere und Anziehung in gewisser Weise. Die bürgerliche Demokratie hat außerdem durch ihre Geschichte, durch ihre jetzige Grundsatz- und Ideallosigkeit, durch den Mangel einer erbitterten und ehrenden Feindschaft, die ihr von irgendwoher erwiesen würde, kein Ansehen mehr. Was wollen die Leute eigentlich? — fragt man. Was hier fehlt, findet sich bei der Sozialdemokratie: die Anziehungskraft und das Schwergewicht eines stetig gewachsenen und vermutlich weiter wachsenden Berges, Prinzipien und Ideale, erbitterte und bedeutende, vornehme Feinde von allen Seiten. Was Richter sagt, kann Bebel stets sagen, aber bestimmter, leidenschaftlicher, weiter greifend. Man weiß, was er will, wenn er den Monarchen im Parlament angreift. Dagegen: was bezweckt Richter eigentlich damit? Bisher hielt viele persönlich sehr intelligente Leute von gutem Willen, aber abgrundtiefer politischer Einsichtslosigkeit — z. B. aus den Kreisen der „ethischen Kultur,“ der „Friedensgesellschaften“ u. dergl. — die Phrase in der Sozialdemokratie, der unklare, zukunftsstaatliche, phantastische und zugleich doktrinäre Revolutionarismus, das durch und durch Antibürgerliche von dieser Partei ab. Jetzt scheint sie einfach eine starke, rücksichts- und furchtlose Oppositionspartei geworden zu sein. Darum werden und können jene Leute ihr zulaufen.

Und wie mannichfach vermag gerade die Sozialdemokratie, so wie sie sich jetzt entwickelt hat, jeden Oppositionsstoff von überallher aufzugreifen und in tausend Formen zu bearbeiten!

Da ist Liebknecht, der Revolutionär aus den vierziger Jahren. Er predigt seit Jahrzehnten die alten Lehren. Im heutigen Staate giebts keine Rettung. Erst der Sozialismus bringt den Elenden Glück, Recht den Entrechteten und den Geknechteten die Freiheit. Solche Lehre fällt bei den untersten Volksschichten, die am ärmsten und gedrücktesten und darum zu Träumen und Phantasien geneigt sind — z. B. bei den ostelbischen Landproletariern —, noch heute auf günstigen Boden. Im Süden wirkt ein andrer, dem selbst ein bekannter deutscher Professor in seinem vielgelesenen Werke eine „wahrhaft staatsmännische Begabung" nachrühmt. Herr v. Vollmar wirkt in Baiern als bairischer Patriot, spricht — wie soeben in den bairischen Landtagsverhandlungen — von dem unglückseligen „Bruderkrieg" des Jahres 1866, kommt gelegentlich einmal nach Berlin, wo er im Reichstage dem in der Kaiserloge sitzenden Prinzen Heinrich eine kunstvoll gearbeitete und fein zugespitzte Rede gegen die Hohenzollern ins Gesicht schleudert. Herr v. Vollmar wirkt revolutionierend, indem er den partikularistischen Haß gegen Preußen und die Hohenzollern zu nähren und das jetzige Deutschland vom Süden aus in seiner preußischen Spitze zu treffen sucht. — In Schlesien und Posen unterstützt man die national=polnischen Tendenzen, weil sie auch zur Zersetzung der jetzigen staatlichen Verhältnisse, zur Revolutionierung beitragen.

Man kann sagen: aller Oppositionsstoff, der sich seit einem halben Jahrhundert, von 1848 über 1864 und 1866 und 1870 bis heute angesammelt hat, wird von der Sozialdemokratie verwendet, bloßgelegt, zu heller Flamme angeschürt. Alle aus politischen und wirtschaftlichen Gründen Unzufriednen finden schließlich in der sozialdemokratischen Partei irgendwen, der sich ihrer annimmt, der Genugthuung und Rache verspricht. Die Partei hat aufgehört, eine auf bestimmte Doktrinen eingeschworne Sekte zu sein. Seit Hamburg will sie sich mit Bewußtsein zu einer großen oppositionellen Volkspartei auswachsen, um die so gewonnenen Massen kaum bemerkbar ihren Zwecken dienstbar zu machen.

Diese Umwandlung ist nicht leicht, nicht auf Verabredung, nicht so ohne weiteres vor sich gegangen. Seit der Aufhebung des Sozialistengesetzes bestand eine Kluft in der Partei, es gab zwei Richtungen: die radikalen Doktrinäre um Liebknecht und die „Praktiker," etwa durch Vollmar charakterisiert. Die Richtungen hätten mehr und mehr auseinanderkommen müssen, wenn sich nicht ein Mittler gefunden hätte, ein Realist, für dessen offne Augen das Traumbild vom Zukunftsstaat nichts verlockendes hat. Diesem Manne ist das, was bei den meisten seiner Parteigenossen erst Stimmung ist, zuerst deutlich zum Bewußtsein gekommen. Er weiß, daß die Aufgabe heute nicht mehr die ist, den Zukunftsstaat möglichst plausibel zu machen, sondern vom Boden des Bestehenden aus die Massen zur Macht zu führen und zum wirksamen Angriff gegen die den Machtgelüsten der Menge entgegenstehenden herrschenden Gewalten. Das Proletariat soll endgiltig die Herrschaft in Händen halten. Es ist bis jetzt zu klein dazu, es ist isoliert, es ist ohnmächtig. Es braucht Bundesgenossen. Dienen nun aber süddeutsch-partikularistische Bestrebungen und nationalpolnische Tendenzen, Eugen Richters Oppositionsreden und des Berliner Tageblatts Junkerhaß nicht auch dazu, das Bestehende zu erschüttern? Sie dienen dazu! Und wenn sie dazu dienen, arbeiten sie dann nicht mit dem proletarisch-revolutionären Willen freundnachbarlich zusammen? Prinzipien, Zukunftsideale machen doch hier nichts aus, wo die ersten Strecken des zurückzulegenden Weges durchaus gemeinsam sind? Es giebt also nicht nur

keine Kluft zwischen Liebknecht und Vollmar; gemein=
same Interessen verbinden für eine Weile sogar
Jerusalemer- und Beuthstraße und es giebt einen be=
fahrbaren Kanal zwischen Spree und Main. Knüpfen
wir also dies Band! Machen wir alle Opposition
unsern Zwecken dienstbar! Spannen wir Berliner
Tageblatt und Frankfurter Zeitung als Segel in die
Takelage unsers Schiffes ein, und wir werden schneller
vorwärts kommen. Nur vergessen wir nicht, daß wir
die Steuerleute sind, die im Schiff von uns gewollten
Kurs halten.

Wer so überlegte, durch solche Überlegung Gegen=
sätze ausglich, wer so dem neuen Kurs zum Siege
verhalf, dieser kluge Mittler und aufgeklärte Realist
ist Ignaz Auer.

An dieser Stelle halte ich es für angebracht, ganz
kurze, nur aphoristische Charakteristiken der genann=
testen sozialdemokratischen Führer zu geben, wodurch
deren Wesen nicht etwa irgendwie erschöpfend bloßge=
legt werden soll. Es sollen dadurch nur einige Irr=
tümer des Publikums über die Bedeutung und Stellung
der einzelnen beseitigt werden.

Wilhelm Liebknecht: Über ihn und seine Be=
deutung ist niemand im Irrtum. Ein unverfälschter
Achtundvierziger, allen praktischen Aufgaben der Gegen=
wart unrettbar verloren, ein Denkmal von Stein,
mit erstarrten, unerreichbaren Idealen im grauen,
ehrwürdigen Haupt, kein lebendiger Mensch der Gegen=
wart. Ein Schmuckstück für den Silberschrank der
Partei. Über seine Redaktionsführung werden in
Parteikreisen die unglaublichsten und scherzhaftesten
Dinge erzählt. „Der Alte" — wie er genannt wird
  merkt aber nichts von alledem. Er bleibt in seinen
Augen der Apostel der Zukunft, der Reformator der
Welt. An den Sozialismus glaubt er wie der Gläu=
bige an Gott. Er hat den welterlösenden Sozialismus

zuerst praktisch propagiert, von Marx gesandt; also ist er ein Mann von weltgeschichtlicher Bedeutung. Sein Wort bestimmt die Weltgeschichte, wirkt weit über die Weltmeere hin. Sein Sohn bringt einen jungen in Berlin studierenden Japaner ins Haus. Liebknecht spricht mit ihm, legt seine Ansichten über China und Japan und die Zukunft der Menschheit dar. Der junge Japaner kehrt ins Vaterland zurück — und heute weiß Liebknecht genau, daß die Vorgänge und Reformen in Japan auf seine Anregungen, auf seine Gespräche mit dem jungen Japaner zurückzuführen sind. Liebknecht ist größenwahnsinnig. Aber es treibt ihn nicht Eitelkeit oder überhaupt die Rücksicht auf seine Person. Für seine Sache ist er zu allen persönlichen Opfern bereit. Er ist nur das Gefäß für den heiligen Geist des Sozialismus. Für ihn giebts in Politik und Wirtschaft keine Frage, die nicht Marx und er längst gelöst hätten, in leisen Zwiegesprächen, wobei die Welt in ihren Grundfesten unmerklich erzitterte. Liebknecht übt auf die Partei keinen bestimmenden Einfluß mehr. Auer hat ihn längst „eingewickelt," und Bebel hat ihn preisgegeben. Er ist ein Schatten neben Lebenden. Alles in allem: eine Spielhagensche Romanfigur.

August Bebel: Wer für Kraft der Empfindung, Reinheit des Herzens, Selbständigkeit des Willens Verständnis hat, wird Bebel seine Sympathien nicht versagen. Er ist ganz Temperament, ganz Intuition. Nicht nachhaltig, geradlinig, in einer Reihe erfaßt er die Dinge, sondern sprunghaft, von Punkt zu Punkt stürzt er auf das, was ihm gerade das wichtigste und nächste zu sein scheint. Was er aber ergreift, ergreift er mit Leidenschaft, stets getrieben, angefeuert von einer in seinem Innern zehrenden und flackernden Flamme. Bei solcher Art vergißt Bebel oft in einer zweiten halben Stunde, was er in der ersten gesagt hat, und bekämpft öfter einen Gegner mit den Argumenten eines anders gearteten, frühern Gegners, den er vorher als dumm, unfähig, hinterlistig in den Abgrund der Hölle verdammt hatte. Auf dem Parteitag in Halle z. B. kämpfte Bebel gegen Vollmar mit den Gründen der „Jungen" und gegen die „Jungen" mit den Gründen Vollmars. Man kann sich aus dem Protokoll jeden Augenblick davon überzeugen. Solche Eigenschaften machen Bebel zum glänzenden Agitator. Ein Politiker, ein Stratege, der Situationen ruhig überschauen, Gedankenketten gelassen erwägen, Pläne zielbewußt einleiten und hartnäckig verfolgen kann, ist er nicht. Er hat Selbständigkeit des Willens, aber nicht des Denkens; sein Leben lang ist er abhängig, inspiriert gewesen, Jahrzehnte hindurch von Liebknecht, jetzt besonders von Auer. Hat er aber einmal einen neuen Grundgedanken erfaßt, seiner Gefühlswelt einverleibt, dann fühlt er ihn als sein ureigenstes Besitztum und vertritt ihn weit glänzender und eifriger, als der Vater des Gedankens selber. Ist ihm ein neuer Grundgedanke gegeben, plausibel gemacht, dann versteht er auch, einmal angestoßen, in Bewegung und Erregung gesetzt, ganze Gedankenketten herauszuspinnen und spinnt das Gewebe meist weiter und breiter, als der eigentliche Urheber beabsichtigt hatte. Jetzt z. B. in Hamburg: Bebel begreift unter Auers Leitung den Kompromißgedanken. Auer aber will nur ein Nebeneinandergehen, einen Parallelmarsch. Bebel ist ganz und nur erfüllt von dem Gedanken: der Liberalismus muß in unserm Interesse zunächst den Feudalismus schlagen, der Liberalismus ist historisch weiter vorgeschritten als der Konservatismus. In dem Augenblick fühlt sich dann Bebel ganz als Liberaler, der nur je schneller je lieber den Konservativen und sonstigen hemmenden Gewalten auf den Leib rücken möchte. Mit seiner intuitiven Begabung, seiner phantastischen Kombinationskraft, seinem planlosen, punktweisen, krampfhaften Erhaschen der Einzelheiten hat der Verfasser des berühmten Buches von der Frau im Grunde seines Wesens eigentlich etwas Weibliches. Er hat sogar die Eitelkeit und gelegentlich die Intoleranz eines Weibes. Ein sehr bedeutender Parteigenosse Bebels erzählte mir einmal, daß Bebel sich einbilde, ein viel größerer Schriftsteller und Gelehrter als Redner zu sein, und daß er unendlich mehr Gewicht auf sein erwähntes Buch, als auf seine sonstige „nur" agitatorische und rednerische Thätigkeit lege.

Georg v. Vollmar: Bebel mit seiner gelegentlichen intuitiven Seelenkenntnis erklärte einmal von Vollmar, daß er es nie verleugnen könne, in einer Jesuitenschule gesessen zu haben. Dies Urteil trifft den Nagel auf den Kopf. Aber man muß den Jesuiten nicht protestantisch-volkstümlich auffassen, als ein Scheusal von Verlogenheit, Tücke, Niedertracht. Das Charakteristische — auch für Herrn v. Vollmar — ist vielmehr ein eigentümlicher Formalismus. Herr von Vollmar läßt sich nie in eine Debatte über Prinzipien und Grundsätze ein, er giebt seiner Meinung nie einen nur eindeutigen Ausdruck. Er geht in seinen Äußerungen nie auf den Grund einer Sache. Psychologisch sehr interessant war mir ein Renkontre, das ich im April dieses Jahres in München mit Herrn v. Vollmar hatte. Er sprach dort in einer öffentlichen Volksversammlung über Flottenpolitik, Marinepläne u. s. w. Ich interpellierte in der Debatte Herrn v. Vollmar durch drei Fragen: 1. Beabsichtigen Sie mit Ihrer politischen Thätigkeit das Reich und das Volk in seiner gegenwärtigen Form und Grundlage zu fördern? 2. Oder meinen Sie mit Ihrer Thätigkeit auf die sogenannte Diktatur des Proletariats hinzuarbeiten? 3. Halten Sie einen gesellschaftlichen und politischen

Zustand für möglich, in dem diese sogenannte Diktatur besteht, d. h. — das Wort im weitesten und dehnbarsten Sinne genommen — in dem das Proletariat den Hauptanteil an der Ausgestaltung unsrer politischen und gesellschaftlichen Verhältnisse hat? — Und was antwortete Herr v. Vollmar: Ein Fremder habe nicht das Recht, solche Fragen an ihn in München zu stellen. In München wisse man, daß er zur sozialdemokratischen Partei gehöre, und könne seine Thätigkeit aus eigner Anschauung beurteilen. O gewiß kann man diese Thätigkeit beurteilen; da sie aber zweideutig ist, kann dies Urteil auch nur zweideutig sein, gerade so wie die Vollmarsche Antwort. Für die Sozialdemokraten war der Teil der Antwort berechnet, der auf die Zugehörigkeit zur sozialdemokratischen Partei hinwies. Diese formelle Zugehörigkeit ist allen bekannt. Dennoch aber denkt unter den bairischen Ministern z. B. sicherlich keiner daran, Herrn v. Vollmars Thätigkeit im Landtage als sozialdemokratisch-revolutionär im Bebelschen Sinne etwa aufzufassen. Nicht umsonst wahrscheinlich rühmt man sich in der Münchner Post der Beziehungen, die das Blatt nach „oben" unterhält, z. B. auch in den Kreisen hoher Militärs. Außerdem hatte Herr v. Vollmar bei seiner Antwort völlig übersehen, daß er nicht in einer sozialdemokratischen Parteiversammlung oder im bairischen Landtage sprach, sondern in einer „öffentlichen Volksversammlung," die doch ihre werbende Kraft gerade auf die ausüben soll, die den Redner und seine Thätigkeit nicht kennen. Herr v. Vollmar behandelt aber nicht nur „Fremde" so formalistisch. Bebel ists bei seiner sogenannten „Fahnenerhebung" nach dem Frankfurter Parteitage um nichts besser ergangen. Damals folgte Herr v. Vollmar seinem Gegner gar nicht auf das sachliche Gebiet. Nur so kämpfte er: der Parteitag hat entschieden; auf dem Parteitage konnte man ab-

weichende Meinungen zur Geltung bringen; nach ihm
ists zu spät; jeder Genosse ist verpflichtet, sich den
Parteitagsbeschlüssen zu fügen; wers nicht thut, ver=
letzt die Disziplin und macht sich schuldig. Es war
so eine Art seidne Schnur, die von jesuitischem For=
malismus gedreht und Bebel um den Hals gelegt
wurde. Noch etwas: Im Februar d. J. hielt Herr
v. Vollmar bekanntlich im Reichstag eine Rede zum
Militäretat. Die Rede enthielt Anklage über Anklage.
Nur eins findet sich nicht, was sich in allen Bebelschen
Reden bei einem solchen Verhandlungsgegenstand stets
findet: das Verwerfen des ganzen Systems und das
Anpreisen der Miliz. Herr v. Vollmar spricht — wenn
ich mich recht entsinne — wohl auch gegen das jetzige
„System,“ er meint aber wohl nur die Art der Ver=
pflegung, der Behandlung, kurz: die ganze Hand=
habung; er denkt nicht an ein „prinzipiell,“ von Grund
aus andres System. Daß aber Herr v. Vollmar
auch gegen das „System“ spricht, beruhigt die „Ge=
nossen,“ die eben so feine Unterscheidungen natürlich
gar nicht machen können. Ich würde — aus triftigen
Gründen übrigens — für eine nächste Militätetat=
debatte es empfehlen, den Redner zur klaren Antwort
auf die Frage zu drängen: Kommen wir mit einem
Milizheer im Bebelschen Sinne aus oder nicht? Die
virtuose Handhabung eines solchen Formalismus läßt
es vielleicht auch begreiflich erscheinen, daß ein übrigens
katholischer Professor Herrn v. Vollmar eine wahrhaft
staatsmännische Begabung nachrühmt. Ich erwähnte
das schon. — Trotz allem, was in den letzten
Jahren gegen Vollmar gesagt ist, wäre es doch
verfehlt, zu behaupten, Herr v. Vollmar sei mit
Unrecht Mitglied der deutschen sozialdemokratischen
Partei. Er dient ihr und ihrem revolutionären
Wollen eben nur „auf seine Weise,“ indem er als
bairischer Volksmann und Politiker gegen Preußen

und insbesondre gegen „den jungen Kriegsgott in Berlin" mobil macht, wie er es soeben erst im bairischen Landtage wieder gethan hat. Und das dient der sozialdemokratischen Partei natürlich mehr, als wenn Herr v. Vollmar auch mit den andern in Hamburg gewesen wäre. Es ist das eben ein andrer Revolutionarismus als der Bebels; es ist der Revolutionarismus eines „Staatmanns."

Über Herrn Singer habe ich gar kein Urteil. Nur ist er sicherlich nicht der, als den ihn die nur antisemitische Presse hinstellt. Ich habe in der sozialdemokratischen Partei nie ein mißachtendes Urteil über ihn gehört.

Was nun die „jüngern" Kräfte der Partei betrifft, scheinen mir nur zwei ganz kurz erwähnenswert: Dr. Max Quarck: ein tüchtiger Büreauarbeiter, mit guten Kenntnissen auf dem Gebiete der sozialen Reformgesetzgebung. Wegen seines neidischen, eckigen, zänkischen, groben Charakters nirgends beliebt. Im Grunde: ein Tölpel.

Dr. Bruno Schoenlank: ein sehr intelligenter Jude. Herr Dr. Schoenlank behauptet, ein „portugiesischer" Jude zu sein, und fühlt sich den „slawisch"-jüdischen Parteigenossen gegenüber als Antisemit. Der Landsmann Spinozas trägt in sich das Ideal, ein zweiter Lassalle zu sein, mit dem er aber nur die maßlose Eitelkeit gemein hat. Seine „Politik," die nur die Interessen seiner Person kennt und sich bald „revolutionär," bald „reformerisch" geberdet, hat mit ihrem Zickzackkurs, ihrem oft sinnlos scheinenden Hin- und Hertaumeln etwas Epileptisches an sich. Vom rein journalistischen Standpunkt aus ist er eine „erste Kraft," von ungeheurer Findigkeit und Fixigkeit: ein genialer Schmock. Sehr begabt, aber nicht geachtet, zu amüsant, um irgendwem zu imponieren. Herr Dr. Schoenlank ist seinem äußern und innern Habitus nach niemals in der Lage, auf die Gesamthaltung der Partei und Arbeiterbewegung einen bestimmenden Einfluß auszuüben.

Nun muß ich aber noch ein paar Worte über Ignaz Auer reden, von dem die obigen Betrachtungen ausgegangen sind, und über den ich schon einiges gesagt habe. Auer ist ein wirklicher Politiker, ein realistischer Politiker, der mit Thatsachen arbeitet und rechnet und mit proletarischem Instinkt Proletarierpolitik treibt. Ein Genosse und Landsmann Auers hat mir erzählt, daß er elternlos in einem bairischen Dorf als „Gemeindekind" seine ersten Jahre verbracht habe. Für solch „fremder Leute Kind" haben bairische Bauern natürlich nicht allzuviel übrig, und auf Eindrücke aus jenen Jahren führte mein bairischer Gewährsmann Auers Abneigung gegen die auf die Bauern zugestutzten Agrarprogrammentwürfe zurück. Auer haßt die Phrase und lächelt über die Doktrinäre, über die Parteigelehrten. Er macht kein Hehl daraus, daß er Marx gar nicht kennt, und hält das — mit Recht — auch gar nicht für ein Erfordernis, um Proletarierpolitik zu treiben. Aber auch von der Überschätzung der Genossen mit den „schwieligen Händen" ist er weit entfernt. Auer weiß, daß in einer Partei wie der sozialdemokratischen „mit der Knute regiert" werden muß. Bei aller urwüchsigen bairischen Grobheit hat er doch eine sehr bewundernswerte diplomatische Ader und taktische Begabung. Man denke an die sehr kluge Rede, mit der er bei der Umsturzvorlage vor drei Jahren im Reichstage das Zentrum festnagelte! Man bewundre auch die fein berechnete, wirksame Art, wie er jetzt in Hamburg gesprochen hat! In Parteikreisen hört man öfter das Urteil, Auer sei falsch und intrigant. Das glaube ich nicht. Er hat nur die Dosis Berechnung und Verschlagenheit, die er in seiner Stellung und mit seinen

Absichten haben muß. Über seine sachliche Stellung und Bedeutung in der Partei und in der Politik habe ich schon gesprochen. Wenn die Sozialdemokratie jetzt das führende Korps einer großen Oppositionspartei wird, so ist Auer der Stratege, der das Ganze überschaut und leitet.

Wogegen ist der Stoß dieses Heeres zu richten, auf daß die heute herrschende Gewalt, der heutige Staat in seiner Seele zum Tode getroffen wird?

Liebknecht, der verblendete Doktrinär, hat es in Hamburg offen ausgesprochen: „Ich bin überzeugt, daß der Ernst der Lage jedem unsrer Genossen klar wird. Bebel sagte vorgestern, wir kämen dem Berge immer näher. Dieser Berg ist nicht bloß die endgiltige Abrechnung mit dem Kapitalismus; er hat auch noch so einige Vorberge, und einer dieser Vorberge ist der Verfassungskampf. Der Kampf, den andre Länder, England und Frankreich, vor Jahrhunderten überstanden haben, wird auch Deutschland nicht erspart bleiben." Liebknecht zielt hier bekanntlich auf das Ende der Könige Jakob und Ludwig hin.

Nicht weniger deutlich hat sich Schoenlank ausgesprochen, der wohl nach dem Lassalleschen Grundsatz handeln wollte: „aussprechen das, was ist." Die Quintessenz seines Gedankenganges ist: „Die Marinepolitik und der Kampf gegen das persönliche Regiment sind innig verbunden, sie hängen ursächlich zusammen, und sie werden die Wahlparole sein.... Deshalb wird der Wahlkampf nicht bloß ein aktueller, sondern ein prinzipieller sein...." Es ist gar kein Zweifel: die Sozialdemokratie rüstet sich zum Entscheidungskampf zwischen Monarchie und Volksherrschaft, und in der Arbeit, Pfeile zu schleifen und gegen den Monarchen abzusenden, ist die ganze vereinigte Demokratie von Liebknecht über Vollmar bis Richter einig. Man denke an die Reden, die Richter im Reichstage gehalten,

und die Vollmar dem Prinzen Heinrich ins Gesicht
geschleudert hat; man denke an das eben im bairischen
Landtage von Vollmar gebrauchte Wort von dem
„jungen Kriegsgott" in Berlin, dem man in den Arm
fallen müsse. Und warum schleift man die Pfeile?
Schoenlank erzählt, wie Mirbach und Boguslawski
den Staatsstreich empfohlen hätten. Ist denn das aber
etwas so ganz andres, mehr verbindliches, als wenn
irgendwo einmal ein Genosse eine Brandrede, gespickt
mit den blutigsten Phrasen, gehalten hat, oder wenn
Marx – der heilige Marx! – einmal schreibt: „Kampf
oder Tod; blutiger Krieg oder das Nichts. So ist die
Frage unerbittlich gestellt"? Die Aussprüche der
Mirbach und Genossen haben doch schließlich für die
leitenden und verantwortlichen Stellen nichts verbind=
liches. Nun spricht man vom „Marine=Roon," womit
bekanntlich Tirpitz gemeint ist. Die Demokratie aber
hat schon seit Jahren nahezu jeden Minister als
den „Staatsstreichminister" brandmarken wollen, um
dann allerdings immer eine Enttäuschung zu erleben.
Glauben denn diese närrischen Leute, der Kaiser ließe
einen Minister nach dem andern fallen, wenn er wirk=
lich seit Jahren auf den Staatsstreich sinnen würde?
Der Wechsel mit den Ministern bedeutet doch gerade,
daß mühsam und geduldig ein Mann von genügendem
diplomatischem und parlamentarischem Geschick gesucht
wird, der gewisse politische Forderungen regulär durch=
zusetzen imstande ist. Ein Staatsstreichminister wäre
schnell gefunden. Denn der braucht nur von rück=
sichtsloser Energie und Härte zu sein. Und solche
Leute giebts schon noch. Es muß den demokratischen
Reden gegenüber festgestellt werden, daß von leitender
Stelle bisher nichts thatsächliches vorliegt, was auf
die Absicht des Staatsstreichs schließen ließe. Die
Reden und Beschlüsse in Hamburg aber beweisen es
sonnenklar, daß in Wahrheit die erste Aktion auf

den etwaigen Staatsstreich hin, auf die Entscheidungsschlacht zwischen Demokratie und Monarchie von sozialdemokratischer Seite ausgegangen ist. Es muß festgestellt werden, daß den ersten Schuß die Demokratie gethan hat.

Die sozialdemokratische Taktik haben wir so klar vor aller Augen gelegt: Man sammelt allen Oppositionsstoff, der sich in einem halben Jahrhundert angesammelt hat. Die sozialistische und die bürgerliche Demokratie schließen ihr Bündnis. Das vereinigte Heer richtet einen Stoß gegen die Stelle, die den Lebenspunkt, die Seele des Reiches bedeutet. Nun wäre es aber zwecklos, unmöglich, gegen die Monarchie, gegen den Monarchen offiziell den Stoß zu richten. Das machen in der Form die Gefolgsleute doch nicht mit. Der Schein der Gesetzmäßigkeit, die Form des Parlamentarismus muß gewahrt werden. Darum kämpft man formell nicht gegen den Monarchen, sondern gegen die Pläne des Monarchen, gegen die Marinepläne. Das drückt Schoenlank bekanntlich so aus: „Die Marinepolitik und der Kampf gegen das persönliche Regiment sind innig verbunden, sie hängen ursächlich zusammen, und sie werden die Wahlparole sein."

Wenn nun die Flottenpolitik für die Erhaltung und Mehrung des Reichs unerläßlich ist, wenn die Regierung von den Marineplänen nicht abgehen kann, wenn aber die Reichstagswahlen die Hoffnung der Demokratie erfüllen und der Regierung keine Mehrheit bieten — dann ist ein Gegensatz zwischen Kaiser und Volk konstruiert, dann ist die innere Zerrüttung unausbleibliche Thatsache. Die Demokratie könnte triumphieren.

Es gäbe wohl ein leichtes, aber sehr gefährliches Mittel, aus dieser Zerrüttung einen Ausweg zu finden. Eine unsrer Parteien ist nämlich an jenem Kampfe zwischen Nationalismus und Demokratismus nicht interessiert. Es ist das Zentrum. Es könnte, nachdem es der Zerrüttung eine Weile freien Lauf gelassen hat, der Regierung die eine Hand bieten, um zugleich mit der andern die Erfüllung seiner Forderungen entgegenzunehmen.

In Deutschland herrschte dann der Ultramontanismus.

Dieselbe Partei wäre am Ruder, die vor drei Jahren nicht nur die Sozialdemokratie, sondern den ganzen Liberalismus in die Ketten der Umsturzvorlage fesseln wollte. Die deutschen Demokraten hätten nichts erreicht, als „blamierte Europäer" zu sein.

Aber auch der Nationalismus und die Monarchie können es nicht ertragen, daß der Lebenspunkt Deutschlands vom Schloß an der Spree über die Alpen hinweg zum Tiber in den Vatikan gelegt wird.

Der ultramontane Rettungsweg ist also nicht zu betreten. Es muß einen andern geben.

2

In dem augenblicklichen Handeln und Wollen der Sozialdemokratie, wie es im vorigen Abschnitt geschildert worden ist, muß dem kühlen Betrachter ein eigentümlicher Gegensatz auffallen, nämlich der Gegensatz zwischen Zweck und Mitteln. Der Zweck soll nach unsrer Darstellung die Erschütterung, die Revolutionierung der bestehenden staatlichen Verhältnisse sein. Dieser revolutionäre Zweck nun soll erreicht werden durch das Aufgeben des frühern revolutionären Mittels, der revolutionären Taktik. Man will nicht mehr — ein trotziges Heer — abseits stehen, sehen, wie das Alte verfällt, und dann im rechten Augenblick mit eherner Hand zugreifen und das Zerfallende ganz in Trümmer legen. Statt dessen rückt man jetzt auf den Boden der „bestehenden Verhältnisse" und schließt sich an „bürgerliche" Parteien an; es könnte gesagt werden: durch Rückwärtsgehen will man vorwärts kommen. Man beabsichtigt gar nichts andres zu unternehmen, als was die bürgerliche Demokratie auch thut: auf parlamentarischem, also legalem Wege will man eine Regierungsvorlage, die die Stärkung der Heeresmacht bezweckt, zu Fall bringen. Und daraus soll sich dann Staatsstreich und Revolution ergeben! Das scheint fast lächerlich, zumal wenn man erwägt, daß unsre bürgerlichen Demokraten an dieser Zerrüttung genau so schuldig wären wie die sozialistischen. Jenen um Richter und Sonnemann wird doch aber wahrhaftig kein vernünftiger Mensch direkt staatsfeindliche und revolutionäre Absichten zutrauen? Gewißlich nicht! Das sind ehrenwerte Leute, sogar gute Patrioten, die es mit dem Staate und mit dem Volke herzlich gut meinen, wenn auch in ihrer Weise. Diese „ihre" Weise aber, die Weise der Demokratie, ist so, daß sie mit dem tiefsten Wesen des Staates, mit den Bedingungen staatlicher Existenz in unversöhnbarem Widerspruch steht.

Doch müssen wir uns hüten, der Demokratie etwas unterzuschieben, was ihr gar nicht zukommt, sie schwärzer zu malen, als sie thatsächlich ist. Wir müssen ihr im Gegenteil ihre beste Seite abzugewinnen suchen. Können wir dann zeigen, daß sie auch so den Bedingungen staatlicher Existenz nicht gerecht wird, dann ist ihr in Wahrheit das Urteil gesprochen.

Als demokratische Parteien kommen bei uns in Betracht die deutsche und die freisinnige Volkspartei und die Sozialdemokratie.

Die beste Seite und die positive Bedeutung dieser drei Parteien besteht zweifellos darin, daß sie energisch Reformen verlangen. Sie sind in ihren positiven Leistungen Reformparteien. Reform bedeutet — im weitesten Sinne — eine erheblichere Um- und Ausgestaltung des innerpolitischen Gefüges eines Staatswesens. Eine Reform ändert nie etwas am Umfang eines Staates. Die genannten Parteien wollen wirtschaftlich eine höhere Lebenshaltung und politisch mehr Freiheit, mehr Selbstbestimmungsrecht für die armen, „besitzlosen" Volksklassen erstreiten. Das Verlangen nach Reform bedeutet die Wünsche derer, die wenig oder nichts besitzen, aber gern etwas besitzen möchten: Reformpolitik hat zum Inhalt den Kampf der Armen gegen die Reichen. Die Reformer haben den Blick starr auf die besitzenden Klassen gerichtet. Die sind der Feind, der am nächsten steht, der rücksichtslos bekämpft werden muß. Der Reformer kennt nur diesen einen Feind, einen innern Feind. Für eine Politik nationaler Macht nach außen hat er keinen Sinn, kein Verständnis, weil von ihr sein Interesse nicht berührt zu sein scheint, weil er von ihr keinen Vorteil erwartet. Die auswärtige Politik und die Thätigkeit der Diplomaten würdigt er nur insofern, als Wolken zerstreut, Feindseligkeiten verhütet werden, der Friede erhalten bleibt, damit ungestört an der „innern Ausgestaltung des Vaterlandes" gearbeitet werden kann. Für den Reformer giebt sich unsre ganze politische Situation etwa so: „Nachdem nun einmal die deutsche Einheit erreicht ist, nachdem gewissermaßen ein deutsches Haus gezimmert worden ist, kommt es jetzt darauf an, dieses Haus wohnlich einzurichten, sodaß jeder Reichsbürger sein Heim darin finde. Auf eine Periode der äußer=politischen Staatskunst muß jetzt notwendigerweise eine Politik der Reform im Innern folgen. Wir brauchen etwa einen »Bismarck der innern Politik,« der die unsre Zeit erfüllende »soziale Frage« zu lösen hat, nachdem die nationale ihre Lösung gefunden hat."

In Wahrheit aber ist solch eine Politik der bloßen „Reform im Innern" unmöglich, und jemand, der da ein „Bismarck der innern Politik" sein wollte, wäre nie und nimmer ein Staatsmann, sondern ein Trottel.

Eine soziale Frage als eine Frage der Reform im Innern im Gegensatz zur nationalen Frage als einer Frage der „reinen" Politik nach außen hin giebt es nicht. Die soziale Frage jeder Zeit findet ihre Lösung in der Erfüllung der drängenden nationalen Aufgaben. Die Ausgestaltung der innern Politik ist abhängig von den Erfolgen der äußern. Auch die Möglichkeit einer inner-politischen Reformarbeit ist bedingt durch das Geschick und das Glück des Ministers für auswärtige Angelegenheiten. **Der Hauptweg, die notwendigste Vorbedingung sozialer Reform ist die Erweiterung der nationalen Machtsphäre.**

Ein naheliegendes Beispiel soll unsre Behauptungen deutlich machen.

Das deutsche Reich ist nicht begründet worden, damit die schwarz-rot-goldnen Träume schwärmerischer und edler Patrioten Erfüllung fänden. Eine solche Staatsauffassung hat Bismarck stets als „romantisch" beiseite geschoben. Die wirtschaftliche Entwicklung vielmehr, der heranwachsende industrielle Riese war es, wodurch ein größerer Absatzmarkt gefordert wurde, als die Einzelstaaten zu bieten vermochten. Wirtschaft und Wirtschafter hätten in der einzelstaatlichen Enge ersticken müssen. Damals hatte das „Bürgertum" seine soziale Frage, sträubte sich in den Ketten wirtschaftlichen Zwangs und politischer Unfreiheit. Gefesselt und gedrückt, wie in Gefängnismauern eingeschlossen, that es, was Gefangne gewöhnlich zu thun pflegen: es träumte, es träumte von seiner Erlösung in der herrlichen Freiheit Großdeutschlands. Und als dann wirklich der Mann kam, der die Erlösung brachte, als Bismarck die „innern" Wirren jener Zeit löste, durch „auswärtige" Politik, auf nationalem Wege, da wollten die guten Bürger an solch eine Art der Lösung zunächst gar nicht glauben, da zeterten sie — genau wie man es heute thut — über brutale Gewalt und abenteuerliche Weltpolitik,[*]) bis daß das Werk glücklich

---

[*]) Einer aktiven und positiven auswärtigen Politik gegenüber behauptet die die „heiligsten Rechte des Volks" vertretende Opposition in ihrer „tiefgründigen" Weisheit regelmäßig, daß der leitende Staatsmann das Land verbrecherisch in Kriege verwickle, weil die verblendete und unfähige Regierung einen andern Ausweg aus den von ihr selber geschaffnen innern Wirren nicht mehr wisse. Am 3. Februar 1866

vollbracht und der neue größere Rahmen zu wirtschaftlicher Bethätigung geschaffen war, darin dann die nun sehend Gewordnen sich zunächst gar manchesterlich und kapitalistisch nach Herzenslust tummelten. In Bismarcks nationaler Politik nach außen hin fand die soziale Frage für das aufstrebende Bürgertum ihre Lösung.

Genau so ist auch in unsrer Zeit die soziale Frage, soweit sie das Proletariat angeht, mit dem Mittel einer nationalen Politik der Macht nach außen zu lösen. Unsre Industrie ist viel zu mächtig entwickelt, als daß ihr der deutsche Markt genügen könnte. Sie bedarf des Weltmarktes und hat sich ein gutes Stück davon errungen. Sie muß das Errungne erhalten und erweitern. Sie stößt hierbei mit andern Staaten, England besonders, zusammen. Zurückgedrängt, in die deutschen Grenzen eingezwängt, müßte die nationale Wirtschaft erdrückt und erstickt werden, und wer an ihr beteiligt ist, fiele dem Elend zur Beute. Das träfe nicht zum mindesten die Masse des Proletariats. Auch das Proletariat hat von der industriellen Entwicklung seinen Vorteil gehabt, um so größern Vorteil, je höher

---

erklärt Bismarck nach einer Rede Twestens: „Er hat die Vermutung ausgesprochen, daß ich in meinem politischen Verhalten die äußere Politik nur als Mittel für die innere und für die Förderung des Kampfes der Regierung gegen parlamentarische Ansprüche benutzte. Ich muß diesen Vorwurf als einen vollständig unverdienten und ungerechtfertigten zurückweisen. Mir sind die auswärtigen Dinge an sich Zweck und stehen mir höher als die übrigen." Zu geradezu belustigender Klarheit über den Gegensatz zwischen der Politik eines Staatsmanns und der Politik — sagen wir höflich: andrer Leute gelangt man, wenn man die damaligen oppositionellen Reden mit ihrer Fülle moralischer Entrüstung, kühn angelegter politischer Prinzipien und „welthistorischer" Perspektiven durchblättert und daneben hält, daß Bismarck — nach Hermann Wageners Bericht — jene Kämpfe der Konfliktszeit „immer nur als hors d'oeuvres behandelte, und daß es ihm eigentlich ganz bequem war, seine auswärtige Politik hinter dieser Kulisse betreiben zu können."

die Entwicklung gestiegen war. Das beweist England, das industriell und kapitalistisch am frühesten reif gewordne und am weitesten vorgeschrittene Land. Selbst der Vorwärts hat das eingeräumt. Er brachte am 20. Juni, beim Jubiläum der englischen Königin, eine Darstellung der sozialen Entwicklung Englands seit sechzig Jahren, durch die alle Engelsschen Prophezeiungen abgethan werden und die Marxsche Verelendungstheorie ins Reich der Fabel verwiesen ist. In zwei Artikeln wird da nämlich folgendes Resultat gezogen: „England ist so weit entfernt, sich allgemein befriedigender sozialer Verhältnisse rühmen zu können; aber daß die Lage seiner Arbeiter sich im ganzen gehoben hat, daß vielleicht mehr als anderthalb Millionen Arbeiter heute eine Existenz führen, wie sie ehedem mancher Kleinbürger kaum hatte, das wird niemand bestreiten, der den Verhältnissen vorurteilsfrei ins Auge schaut. Auf der andern Seite haben die Bootschen Untersuchungen gezeigt, daß die Zahl der im äußersten Elend lebenden heute nicht geringer ist als 1857, ja vielleicht noch etwas größer. Der einzige Trost ist, daß sie, hinter dem Wachstum der Bevölkerung zurückgeblieben, verhältnismäßig geringer ist als vor sechzig Jahren. Im Verhältnis ist das Elend zurückgegangen, der Wohlstand gewachsen." In Konsequenz solcher Anschauung ist denn auch in sozialdemokratischen Kreisen — z. B. in der Leipziger Volkszeitung — nicht sowohl die tiefe Lebenshaltung, als vielmehr die Unsicherheit der Existenz, die zeitweilige Arbeitslosigkeit als das Merkmal des spezifisch proletarischen Elends bezeichnet worden. Wie aber läßt sich denn diesem spezifisch proletarischen Elend am ehesten abhelfen? Die Arbeitslosigkeit läßt sich am besten eindämmen durch allmähliche, aber ständige Entwicklung der Industrie, die die Krisen möglichst vermindert, durch nachhaltige Erweiterung der Absatzgebiete, durch koloniale Erwerbungen. So mehrt sich die Zahl der Arbeitsplätze und Arbeitsmöglichkeiten, so wächst die Nachfrage nach Arbeitskräften, so nimmt die Arbeitslosigkeit ab, und so steigen die Arbeitslöhne. Was der Kaiser als die Politik des „Größern Deutschlands" bezeichnet hat, das giebt am letzten Ende die Möglichkeit, die unsre Zeit bewegende „soziale Frage" zu „lösen." Auch hier also läuft die soziale Frage in eine nationale aus, und es ist die auswärtige Politik, wodurch die Frage der innern Reformarbeit bestimmt und bedingt wird.

Das aber begreifen unsre Reformer und Demokraten nimmermehr. Für sie ist der Staat keine organische Einheit, kein lebendiges Wesen, das seine Nahrung von außen her beziehen muß und sich, ebensowenig wie das menschliche Wesen, nur von innen heraus kräftigen und erneuern kann. Sie halten noch immer an der schon von Lassalle gegeißelten „Nachtwächteridee" fest, nach der der Staat keine andre Aufgabe und keinen andern Zweck hätte, als für das individuelle Wohlbefinden, die gute Nahrung und gute Verdauung irgend eines Müller oder Schulze zu sorgen. Sie verstehen es nicht, daß Außen- und Innenleben des Staats aufs innigste zusammenhängen, daß auswärtige und innere Politik organisch verbunden und von einander nicht zu lösen sind. Diese Verständnislosigkeit fällt besonders ins Gewicht und wird gefährlich an der Stelle, an der die Verbindung zwischen auswärtiger und innerer Politik jedem, der sehen will und kann, deutlich vor Augen treten sollte: das ist bei der Bewilligung von Militärforderungen. Hier versagt die Reformpolitik stets und muß ihrer innern Natur nach versagen. Da aber die Bethätigung nach außen eine Lebens- und Existenzfrage des Staates ist, und da diese Bethätigung des militärischen Rückhalts gar nicht entbehren kann — die ganze Weltgeschichte liefert den Beweis dafür —, so untergraben in Wahrheit die, die für die auswärtige Politik kein Verständnis haben und infolge solcher Verständnislosigkeit Militärforderungen prinzipiell ablehnend gegenüberstehen, die Grundlage des Staates, dem sie doch auch als Glieder angehören. Wenn gerade Militärforderungen „Konfliktsstoff" in sich enthalten, so liegt das nicht an einer Meinungsverschiedenheit über ein paar Bataillone oder um soundsoviel Steuergroschen mehr oder weniger. Der Gegensatz liegt tiefer und ist fundamental; es ist der von mir dargelegte Gegensatz zwischen Politikern und Reformern, es ist der Kampf zwischen Herrschenden und Besitzenden, deren Klasseninteresse mit dem Machtinteresse des Staates eng verknüpft ist, und der Summe von schlechtgestellten Einzelnen, die arm sind und mehr haben wollen.

Und diese Individuen haben Recht, ein natürliches, ganz selbstverständliches Recht, auch ihrerseits zu Besitz gelangen zu wollen. Das aber ist das große und wahre Unglück der armen Volksklassen, daß sie nicht nur in materieller Not sind, sondern daß diese Not auch politische Einsichtslosigkeit und geistige Verblendung im Gefolge hat. Infolge solcher Einsichtslosigkeit verkennen sie nicht nur die Existenznotwendigkeiten des Staates und werden so staatsgefährlich; ihre Verblendung verschließt ihnen auch den einzigen Rettungsweg aus ihrer sozialen Not, läßt sie nicht erkennen, daß soziale Reform im Innern ohne die Weiterentwicklung nationaler Macht nach außen hin ein Unding ist. So verblendet, wirken sie thatsächlich ihren eignen Zwecken, der Hebung ihrer Lebenslage entgegen.

Umgekehrt aber: Wer die Politik nationaler Macht

nach außen fördert, der öffnet — wenn auch unbewußt — einen Weg sozialer Reform, der schafft einen weitern Rahmen für gesteigerte wirtschaftliche Bethätigung und giebt neue Möglichkeiten lohnenden Erwerbes. Koloniale und kommerzielle Thätigkeit deutscher Arbeit und deutschen Kapitals im Ausland dienen der sozialen Reform im höchsten Maße, sind die unerläßliche Vorbedingung sozialer Reform. Sie bedarf aber, wenn sie gedeihen soll, des militärischen Rückhalts. Den kann in Afrika und Amerika, in Indien und China, und wohin sonst in aller Welt unsre Waren und unsre Schiffe gehen, nicht unser Landheer geben; dazu bedarf es einer genügend starken Flotte.

Die vom Kaiser geforderte Vermehrung unsrer Flotte ist ein Mittel ersten Ranges, die Wege sozialer Reform zu erschließen und zu ebnen. Der wahre und verständige Freund sozialer Reform kann in der augenblicklichen politischen Lage gar nicht anders, als mit den Parteien gehen, die für diese Flottenvermehrung eintreten. Die „nationalen" Parteien sind in diesem Falle auch die wahrhaft sozialen, so wenig sie sonst auch zu bewußt sozialer Thätigkeit geneigt sein mögen.

In dem bevorstehenden Wahlkampfe wird es besonders darauf ankommen, es dem Volke deutlich zu machen, daß die Fragen nationaler Macht und sozialer Reform aufs innigste zusammengehören, daß „unser Brot an unsern Schiffen hängt." Gerade im Namen sozialer Reform werden die nationalen Parteien den Kampf gegen die vereinigte Demokratie zu führen haben, die die Reform wohl äußerlich vertritt, durch ihr innerstes Wesen aber ihr gerade die Wege versperrt. Der nationale Kampf wird mit besondrer Schärfe gegen das Korps zu richten sein, das die

Führung der vereinigten Demokratie übernommen hat, das ist die Sozialdemokratie. Sie glaubt mit ihrer neuen Taktik besonders fein und schlau sich einen kurzen Weg zum Ziel ausgesucht zu haben. Massen indes sind wenig „taktisch" begabt; sie sind auch nicht fein und schlau. Das gilt auch von den sozialdemokratischen Massen. Es zeigt sich nach dem Hamburger Parteitage täglich mehr, daß die sozialdemokratische Anhängerschaft ihre feinen und schlauen Führer nicht so ganz versteht und auf den neuen Weg nur ungern folgt. Bewährt sich nun aber die neue Taktik im Wahlkampf, so steht die Sozialdemokratie fester und einiger da, als jemals. Erleidet sie eine Niederlage, dann erkennen die Massen, daß sie falsch geführt sind; Mißtrauen und Verwirrung greifen Platz. Gerade jetzt, nach Hamburg, fordert das nationale und soziale Interesse des deutschen Volkes eine Niederlage der Sozialdemokratie. Die ist nur möglich, wenn die nationalen Parteien zusammenhalten. Dazu gehört, daß die wirtschaftlichen Gegensätze, besonders zwischen Nationalliberalen und Konservativen, im Wahlkampf nicht in erster Reihe stehen. Die Flottenfrage als politische Frage ersten Ranges muß in den Vordergrund treten und den Einigungspunkt der nationalen Parteien abgeben. Der Kampf gegen die Demokratie muß der einzige Zielpunkt der nationalen Aktion sein.

Ich verkenne keinen Augenblick, daß es für Nationalliberale und Konservative schwer ist, ihre fundamentalen Gegensätze auch nur für die Zeit eines Wahlkampfs beiseite zu setzen. Ich meine sogar, daß der Kampf zwischen Industrie und Landwirtschaft der größte, der historische Klassenkampf unsrer Zeit ist, viel bedeutungsvoller als die Kämpfe zwischen industriellen Unternehmern und industriellen Proletariern, die, dereinst geschichtlich betrachtet, nur episodische Bedeutung haben werden.

Die Entscheidung zwischen Industrie und Grundbesitz herbeizuführen, das mag die Hauptaufgabe unsrer Zeit sein. Die praktische Politik aber scheint mir eine Thätigkeit von Fall zu Fall zu erfordern und nicht so sehr prinzipielle „Hauptaufgaben" als vielmehr nächste Aufgaben zur Lösung zu stellen. Eine solche nächste Aufgabe ist die Vermehrung unsrer Schiffe, die der deutschen kommerziellen und kolonialen Thätigkeit im Ausland den nötigen Rückhalt geben, der sozialen Reform und dem Emporsteigen der Massen die Wege öffnen, und drittens auch, nachdem der Rahmen wirtschaftlicher Bethätigung erweitert ist, dem politischen Freiheitsdrang des Bürgertums größern Spielraum schaffen. Gelöst aber kann diese nächste und folgenreiche Aufgabe deutscher Politik nur werden, wenn der nationale Kampf gegen die unter sozialistischer Führung vereinigte Demokratie mit Entschlossenheit und Opferwilligkeit siegreich ausgefochten wird.

Verlag von Fr. Wilh. Grunow in Leipzig
Verlag der Grenzboten

Drei Monate Fabrikarbeiter und Handwerksbursche
Eine praktische Studie
von
Paul Göhre
Broschiert 2 Mark, gebunden 3 Mark

Die evangelisch-soziale Bewegung,
ihre Geschichte und ihre Ziele
von
Paul Göhre
Broschiert 2 Mark, gebunden 3 Mark

Die Not des vierten Standes
von
einem Arzte
Broschiert 2 Mark

Schlaraffia politica
Geschichte der Dichtungen vom besten Staate
Broschiert 2 Mark, gebunden 3 Mark

Das Elend
in der
Hausindustrie der Konfektion
Von
Oda Olberg
Broschiert 1 Mark

Verlag von Fr. Wilh. Grunow in Leipzig
Verlag der Grenzboten

Geschichtsphilosophische Gedanken
Ein Leitfaden durch die Widersprüche des Lebens
von
Carl Jentsch
In Leinwand gebunden 4 Mark 50 Pfennige

Weder Kommunismus noch Kapitalismus
Ein Beitrag zur Lösung der europäischen Frage
von
Carl Jentsch
In Leinwand gebunden 4 Mark 50 Pfennige

Wandlungen
Lebenserinnerungen
von
Carl Jentsch
Broschiert 4 Mark, gebunden 5 Mark

Grundbegriffe und Grundsätze der Volkswirtschaft
Eine populäre Volkswirtschaftslehre
von
Carl Jentsch
In Leinwand gebunden 2 Mark 50 Pfennige

Deutsche Bürgerkunde
Kleines Handbuch des politisch Wissenswerten
für jedermann
von
Georg Hoffmann und Ernst Groth
Zweite, stark vermehrte Auflage
Fein gebunden 2 Mark 50 Pfennige
=== Soeben erschienen! ===

Druck von Carl Marquart in Leipzig